어린이 독서·토론·논술 따라잡기는
읽기와 쓰기부터 어휘력·문해력·문장력까지 공부의 기초체력을 키워줍니다.

추천사

어린이 독서·토론·논술 따라잡기가
왜 필요할까요?

2022년 개정교육과정은 "왜?" 라는 질문을 중시합니다.

"엄마, 자장면이 먹고 싶어요."

"그래? 그럼 먹으러 가자."

그렇게 말하는 것은 7차 교육과정입니다. 2022년 개정교육과정은 이렇게 말해야 합니다.

"우리 대장이 자장면이 먹고 싶구나. 그런데 볶음밥도 있고 짬뽕도 있고 우동도 있는데 왜 자장면이 먹고 싶지?"

이 물음에 아이가 "그냥 먹고 싶어요."라고 대답했다면 그것 또한 7차 교육과정 스타일입니다.

이제 아이는 "왜?"라는 엄마의 물음에 구체적으로 또박또박 '자장면이 먹고 싶은 이유'를 말해야 합니다. 그것이 2022년 개정교육과정에서 추구하는 것입니다.

결국 공부의 핵심은 근원을 따져 밝히고 자신의 의견을 논리적으로 진술하는 데 있습니다. 그것이 바로 논술이며, 이 훈련은 어렸을 때부터 꾸준히 길러 주어야 합니다.

우리는 아이들에게 동화책을 읽힙니다. 책을 읽은 아이에게 엄마는 이렇게 묻습니다.

"재미있니?"

아이는 대답합니다.

"네."

그걸로 끝입니다.

동화는 우리 아이들에게 꿈과 용기와 올바른 삶의 방식을 가르쳐 줍니다. 그것을 좀더 확실하게 깨우치게 하려면, "재미있니?"라는 질문만으로는 곤란합니다.

"왜 그랬을까?" "만일에 그 때 주인공이 이렇게 했다면 결과는 어떻게 달라졌을까?" "잠깐만, 그 방법밖에 없었을까?"

우리 아이들의 호기심을 자극하고 생각을 확장시킬 수 있는 질문을 던져 준 다음에 조리 있는 답을 말할 수 있도록 유도해야 합니다. 그리고 그것을 글로 쓰면 논술이 되는 것입니다.

그런 의미에서 '**어린이 독서·토론·논술 따라잡기**'를 정성껏 만들었습니다. 단순히 읽는 것에서 그치는 것이 아니라, 내용의 확실한 이해를 바탕으로 생각을 넓혀 갈 수 있도록 꾸몄습니다.

이 책을 잘 활용하면 우리 아이들의 사고력과 탐구력, 그리고 창의성이 무럭무럭 자랄 것입니다. 그것이 공부의 핵심입니다.

문학 박사 서 한 샘

어린이 독서·토론·논술 따라잡기 ⑩

「백설 공주」읽고 토론·논술 따라잡기

백설 공주는 왜 도움만 받았을까요

주식회사 자유지성사

백설 공주를 어떻게 읽을까요

왕은 아름다운 여자를 새 왕비로 맞이했어요. 새 왕비는 누가 세상에서 아름다운가를 알려 주는 마술 거울을 갖고 있었지요.

어느 날, 거울이 새 왕비보다 백설 공주가 더 아름답다고 했어요. 화가 난 새 왕비는 백설 공주를 없애기로 했지요.

사냥꾼, 일곱 난쟁이가 백설 공주를 도와 주었어요. 그렇지만 백설 공주는 변장을 하고 숲 속까지 찾아온 새 왕비에게 당하고 말았지요. 새 왕비는 자기가 가장 아름다운 여자가 되기 위해 백설 공주를 없애려고 했어요. 백설 공주도 더 아름다워지려다 위험에 빠지기도 했지요. 변장한 새 왕비가 가져온 독 묻은 예쁜 빗을 머리에 꽂았고, 독 묻은 예쁜 사과를 먹었어요. 두 사람 모두 예쁜 것만 좋아했어요.

유리관 속에 누워 있던 백설 공주를 살려낸 것은 왕자였어요. 왕자는 백설 공주의 아름다움만 보고 결혼하자고 했지요.

결혼식장에 찾아온 새 왕비는 뜨겁게 달궈진 쇠나막신을 신어야 했어요. 왕자가 백설 공주를 괴롭힌 죄라고 했어요.

백설 공주는 다른 사람의 도움만 받으며 살았어요. 자기는 예쁜 여자니까 다른 사람이 당연히 보호해 주고 도와 주어야 한다고 생각한 것은 아니었을까요?

- 추천사 2
- 도움말 4
- 백설 공주는 왜 도움만 받았을까요 6
- 생각지도 랄랄라 30
- 퀴즈가 으쓱으쓱 32
- 생각이 깡충깡충 34
- 이야기가 술술술・1 36
  이야기가 술술술・1 - 그림 그리기 38
- 이야기가 술술술・2 40
  이야기가 술술술・2 - 그림 그리기 42
- 마음이 쑥쑥쑥 44

백설 공주는 왜 도움만 받았을까요

"장밋빛 입술에 까만 머리카락을 지녔고, 피부는 저 눈처럼 새하얀 피부를 가진 공주를 낳았으면……."

창가에 앉아 수를 놓던 왕비는 눈이 쌓인 바깥 풍경을 보며 혼자 중얼거렸어요.

왕비의 소원은 몇 달 후에 이루어졌어요. 눈처럼 새하얀 피부와 사과처럼 빨간 입술을 가진 예쁜 공주가 태어났거든요.

"정말 눈처럼 하얀 피부를 지녔구나."

왕과 왕비는 아기 이름을 백설 공주라고 지었어요.

그런데 아주 슬픈 일이 일어나고 말았어요. 백설 공주가 태어난 지 얼마 안 되어 왕비가 세상을 떠났어요.

잠깐만요!

왕비는 눈이 쌓인 바깥 풍경을 보며 소원을 빌었어요. 어떤 소원을 빌었나요?

"나는 먼 나라에도 자주 다녀와야 하는데 어린 백설 공주를 누가 돌본단 말인가."

왕은 백설 공주를 위해 새 왕비를 맞이했어요. 얼굴이 정말 아름다운 여자였지요.

"아름다운 얼굴만큼 마음씨도 아름다울 거라고 믿소."

왕은 그렇게 말했지만 왕비는 마음씨가 아름답지 않았어요. 이상한 거울을 갖고 있는 무서운 마녀였지요.

"거울아, 거울아. 이 세상에서 제일 아름다운 사람이 누구지?"

"당연히 왕비님이시지요."

거울이 그렇게 대답하면 새 왕비는 큰 소리로 웃었어요.

"거울아, 거울아. 이 세상에서 제일 아름다운 사람이 누구지?"

"당연히 왕비님이지요."

왕비가 물으면 거울은 항상 똑같은 말을 들려주었어요.

세월이 아주 빠르게 흘렀어요. 백설 공주도 아름다운 아가씨로 자랐지요.

어느 날, 새 왕비는 거울 앞에 서서 다시 물었어요.

"거울아, 거울아. 이 세상에서 제일 아름다운 사람이 누구지?"

"왕비님도 아름답지만 백설 공주는 더 아름답지요."

"뭐라고! 백설 공주가 나보다 더 아름답다고!"

화가 난 새 왕비는 펄쩍펄쩍 뛰었어요.

새 왕비는 당장 백설 공주를 없애고 싶었지만 꾹 참았어요.

왕이 궁궐을 비울 때까지 기다리기로 했지요.
얼마 뒤, 왕이 먼 나라를 다녀와야 할 일이 생겼어요.
"오랫동안 궁궐을 비워야 할 것 같소. 백설 공주를 잘 부탁하오."
왕은 새 왕비에게 백설 공주를 부탁했어요.
"아무 걱정하지 마십시오."
새 왕비는 왕 앞에서 얌전하게 대답했어요. 그렇지만 왕이 궁궐을 떠나기 바쁘게 백설 공주를 죽일 계획부터 세웠어요.

"백설 공주를 감쪽같이 없애 버리고 왕이 돌아오면 병이 들어서 죽었다고 속여야지."

새 왕비는 아무도 몰래 사냥꾼을 불렀어요.

"백설 공주를 없애 버려라. 공주의 심장을 그 증거로 가져와야 한다."

새 왕비의 명령을 받은 사냥꾼은 백설 공주를 찾아갔어요.

"공주님, 저와 숲으로 소풍을 가지 않으시겠어요?"

"와, 정말 좋아요. 우리 둘이서만 소풍가는 거예요?"

백설 공주는 아무 의심도 하지 않고 사냥꾼을 따라나섰어요.

흥얼흥얼 콧노래를 부르며 걷는 백설 공주의 머리 위에서 나비들이 나풀나풀 춤을 추었어요. 새들도 나뭇가지에서 예쁜 목소리로 노래를 했지요.

사냥꾼은 아름답고 착한 백설 공주를 차마 죽일 수가 없었어요.

잠깐만요!

왕이 먼 나라로 떠난 뒤, 새 왕비는 곧바로 백설 공주를 죽일 계획을 세우고 사냥꾼을 불렀어요. 사냥꾼은 백설 공주에게 뭐라고 했나요?

그 때 멧돼지 한 마리가 숲 속에서 갑자기 튀어나왔어요. 사냥꾼은 재빨리 화살을 쏘아 멧돼지를 잡았어요.

"공주님, 사실은 새 왕비님이 공주님을 죽이라고 했어요. 공주님 심장 대신 멧돼지 심장을 가져갈 테니 어서 도망치세요! 새 왕비님이 찾아내지 못하도록 깊은 산속으로 숨으세요!"

백설 공주는 무서움에 벌벌 떨며 정신없이 산속으로 도망쳤어요. 신발이 벗겨지고 옷이 나뭇가지에 걸려 찢어지는 줄도 몰랐어요. 돌부리에 걸려 넘어지기도 했어요.

얼마나 달렸는지 몰라요. 바위를 기어오르고 계곡물을 건너고 아슬아슬한 낭떠러지도 지났어요.

울창한 나무 사이로 숨은 듯이 놓여 있는 작은 오두막집이 보였어요.

"저 집에 나를 도와 줄 사람이 있을지 몰라."

백설 공주는 헉헉거리며 오두막집 쪽으로 달렸어요.

"여보세요, 여보세요! 저 좀 도와 주세요!"

아무리 세게 문을 두드려도 안에서는 아무 소리도 들리지 않았어요. 대신 문이 삐거덕 하고 열렸지요.

백설 공주는 살그머니 집 안으로 들어가 보았어요.

작고 아담한 방에는 일곱 개의 작은 침대가 나란히 놓여 있었어요.

거실 한가운데의 작은 식탁에는 일곱 개의 접시와 음식이 차려져 있었어요.

맛있는 음식을 보자 백설 공주의 뱃속에서 꼬르륵 하는 소리가 들려왔어요.

"주인도 없는데 어떻게 하지? 그렇지만 나는 지금 너무 배가 고픈데……."

백설 공주는 식탁에 놓인 음식을 조금씩 덜어 먹었어요.

배가 부르니까 졸음이 쏟아졌어요.

백설 공주는 침대 위에 눕자마자 곧 새끈새끈 잠이 들었어요.

그 집에는 숲 속에서 일을 하는 일곱 명의 난쟁이들이 살고 있었어요. 날이 어두워지자 일곱 난쟁이들이 집으로 돌아왔어요.

집 안으로 들어선 일곱 난쟁이들은 모두 깜짝 놀랐어요.

"누가 우리 음식을 조금씩 덜어 먹었어."

"우리 침대 위에서 자고 있는 아름다운 아가씨는 누구지?"
"나는 저렇게 아름다운 아가씨는 처음 봐. 누구일까?"
난쟁이들은 잠든 백설 공주 주위를 에워싸고 수군거렸어요.
그 소리에 백설 공주가 벌떡 일어났어요.
백설 공주는 자기를 빙 에워싸고 있는 일곱 난쟁이들을 보고 깜짝 놀랐어요. 키도 몹시 작고 얼굴도 아주 못생긴 난쟁이들이었거든요.
백설 공주는 겁먹은 표정으로 난쟁이들을 보았어요.

"우리는 이 집의 주인인 일곱 난쟁이들이에요. 아가씨, 너무 놀라지 말아요."

일곱 난쟁이들은 놀란 백설 공주를 안심시켰어요.

"저는 백설 공주라고 해요. 새 왕비가 저를 죽이려고 해서 도망쳐 왔답니다. 저를 도와 주실 수 없을까요?"

백설 공주는 용기를 내어 그 동안 일어난 일을 모두 말했어요.

"가엾은 공주님, 이 곳에 숨어 있으면 새 왕비도 절대 찾지 못할 거예요."

"그래요, 공주님. 우리가 공주님을 지켜 드릴게요."

마음씨 착한 일곱 난쟁이들은 눈물을 흘리며 말했어요.

그렇지만 새 왕비는 사냥꾼이 자기를 감쪽같이 속였다는 것을 이미 알고 있었어요. 백설 공주가 숲 속 일곱 난쟁이 집에 숨어 있다는 것도요. 마술 거울이 모두 말해 주었거든요.

"이제는 아무도 믿지 않겠어. 내 손으로 직접 백설 공주를 없애 버려야지."

잠깐만요!

난쟁이들이 백설 공주를 지켜 주겠다고 했어요. 그렇지만 모든 것을 다 알고 있는 새 왕비가 뭐라고 했나요?

　새 왕비는 빗 장수 할머니로 변장을 한 뒤에 숲 속 일곱 난쟁이의 오두막집을 찾아갔어요.
　오두막집에는 백설 공주 혼자 있었어요.
　"아가씨처럼 아름다운 여자에게 딱 어울리는 빗이랍니다."
　예쁜 빗을 보고 백설 공주는 손뼉을 치며 좋아했어요.

"이렇게 아름다운 빗은 처음 봐요. 돈이 없어서 살 수는 없지만 한 번 머리에 꽂아봐도 되겠지요?"

백설 공주는 얼른 빗을 머리에 꽂았어요. 그리고 힘없이 푹 쓰러졌지요.

그 빗에는 아주 무서운 독이 묻어 있었거든요.

잠깐만요!

백설 공주는 아무것도 의심하지 않았어요. 빗 장수 할머니로 변장한 새 왕비가 가져온 빗을 보고 백설 공주는 뭐라고 했나요?

저녁때 일터에서 돌아온 일곱 난쟁이들은 쓰러져 있는 백설 공주를 보고 비명을 질렀어요.

"새 왕비 짓이 분명해!"

"공주님 머리에 낯선 빗이 꽂혀 있어!"

일곱 난쟁이들은 백설 공주 머리에 꽂힌 빗을 빼냈어요. 그러자 백설 공주는 다시 정신을 차렸어요.

"공주님, 아무도 집에 들이지 마세요. 또 새 왕비가 찾아올지도 모르거든요."

"예, 그렇게 할게요. 아무도 들이지 않을 게요."

"우리가 공주님 곁을 지켜 주고 싶지만 그럴 수가 없어요. 우리는 몸집이 작아서 일곱 명이 힘을 합쳐야만 그날 해야 할 일을 모두 마칠 수가 있어요."

"걱정 마세요. 이제는 누가 와도 문을 안 열어 줄게요."

백설 공주는 일곱 난쟁이들과 손가락을 걸고 약속했어요.

일곱 난쟁이들은 조금 안심이 됐어요.

그렇지만 백설 공주는 그 약속을 어기고 말았어요.

며칠 뒤, 사과 장수로 변장해서 찾아온 새 왕비에게 다시 속고 말았거든요.

"아가씨, 내가 이 파란 쪽을 먹을 테니까 아름다운 아가씨는 빨갛게 잘 익은 쪽을 먹어 보세요. 아주 달고 맛있답니다."

사과 장수로 변장한 새 왕비는 파란 쪽 사과를 으썩, 깨물어 먹었어요.

"정말 예쁘게 생긴 사과로군요."

백설 공주도 빨갛게 익은 쪽을 한입 크게 베어먹었어요. 독이 묻어 있는 줄은 까맣게 모르고요.

백설 공주는 또 힘없이 쓰러졌어요.

"흐흐, 이제는 일곱 난쟁이들도 백설 공주를 못 살려낼걸."

새 왕비는 덩실덩실 춤을 추며 궁궐로 돌아갔어요.

잠깐만요!

백설 공주는 다시 찾아온 새 왕비에게 당하고 말았어요. 이번에는 새 왕비가 준 사과를 먹고 쓰러졌지요. 왕비는 뭐라고 하면서 궁궐로 돌아갔지요?

집으로 돌아온 일곱 난쟁이들은 백설 공주가 새 왕비에게 또 당했다는 것을 알았어요.

"아무에게도 문을 열어 주지 말라고 했는데."

"일을 조금 못 하더라도 우리가 번갈아가며 백설 공주님 곁을 지켰어야 했어."

일곱 난쟁이들은 백설 공주를 살리려고 애를 썼지만 아무 소용이 없었어요.

"공주님을 땅에 묻어서는 안 돼. 왕이 돌아올 때까지 모시고 있어야 해."

일곱 난쟁이들은 유리관을 만들어 그 안에 공주를 눕히기로 했어요. 그리고 이번에는 번갈아가며 유리관 앞을 지켰지요. 또 새 왕비가 찾아올지 모르니까요.

어느 날이었어요. 사냥을 나온 이웃 나라 왕자가 유리관 속에 누워 있는 공주를 발견했어요.

"아, 정말 아름다운 아가씨구나."
왕자는 잠들어 있는 백설 공주를 보며 넋을 잃었어요.
왕자는 일곱 난쟁이들에게 백설 공주에 대한 이야기를 자세히 들었어요.
"내가 공주를 궁궐로 데려가면 어떻겠소? 여기보다는 궁궐 안이 더 안전할 것이오."
"그게 좋겠습니다. 새 왕비가 또 찾아오면 우리 힘으로는 이겨낼 수 없을 거예요."

일곱 난쟁이들은 왕자의 말에 모두 찬성했어요.

왕자의 병사들이 유리관을 어깨에 맸어요. 그런데 그만 한 병사가 넘어지면서 유리관을 땅에 떨어뜨리고 말았어요.

그 때였어요. 백설 공주의 목에 걸려 있던 독 묻은 사과 조각이 툭 튀어 나왔어요.

"아, 정말 오랫동안 잘 잤네."

백설 공주는 잠에서 깨어나 길게 기지개를 켰어요. 그러다 왕자를 보고는 금방 얼굴이 새빨개졌지요.

"아가씨를 아내로 맞이하기 위해 여기까지 사냥을 온 모양이오."

왕자는 깨어난 백설 공주를 보고 몹시 기뻐했어요. 그리고 이마에 입을 맞추었어요. 백설 공주 얼굴이 더 빨개졌지요.

얼마 뒤, 왕자의 궁궐에서는 성대한 결혼식이 열렸어요. 백설 공주와 왕자의 결혼식이었지요. 다른 나라의 왕과 왕비들도 찾아와 두 사람의 결혼을 축하해 주었어요.

잠깐만요!

난쟁이들은 유리관 속에 백설 공주를 눕혀 놓았어요. 유리관 속의 백설 공주를 발견한 왕자가 뭐라고 했나요?

새 왕비도 아름답게 차려입고 결혼식장에 나타났어요.

그 때 수십 명의 병사들이 우르르 달려들어 새 왕비 발에 뜨겁게 달궈진 쇠나막신을 신겼어요.

"으악, 뜨거워! 이게 무슨 짓이냐!"

새 왕비는 훌떡훌떡 뛰며 소리쳤어요. 꼭 춤을 추는 사람 같았어요.

"그 동안 백설 공주를 괴롭힌 벌을 받는 것이다!"

왕자가 큰소리로 외쳤어요.

새 왕비는 발버둥을 치느라 왕자의 목소리를 듣지 못했어요. 훌떡훌떡 춤을 추는 새 왕비의 모습을 보며 와하하, 웃는 많은 사람들의 요란한 웃음소리 때문이기도 했지요.

잠깐만요!

궁궐에서 성대한 결혼식이 열렸어요. 왕자와 백설 공주가 결혼식을 하는 것이지요. 결혼식장에 나타난 새 왕비는 어떻게 됐나요?

'백설 공주'를 읽고 떠오르는 생각을 재미있게 생각지도로 그려 보도록 해요.

퀴즈가 으쓱으쓱

- 왕은 왜 새 왕비를 맞이했나요?

- 일곱 난쟁이들은 무슨 일을 하며 살고 있었나요?

- 백설 공주는 두 번씩이나 새 왕비에게 당했어요. 어떻게 당했나요?

얼마나 책을 꼼꼼하게 읽었을까요? 이야기해 볼까요?

- 왕자가 유리관 속의 백설 공주를 궁궐로 데려가겠다고 하자 난쟁이들이 뭐라고 했나요?

- 결혼식장에 참석한 새 왕비는 뜨거운 쇠나막신을 신고 훌떡훌떡 뛰었어요. 왕자가 뭐라고 했나요?

생각이 깡충깡충

재미있게 생각을 바꿔 보아요. 바꾼 생각을 이야기해 보세요.

아름다운 얼굴을 가진 여자와 얼굴이 별로 아름답지 않지만 마음씨가 착한 여자 둘 중에 한 명을 왕비로 맞이해야 해요. 왕은 어떤 방법으로 새 왕비를 선택할까요?

새 왕비는 마음씨가 몹시 착했어요. 그런데 백설 공주는 겁이 많아 혼자서는 밤에 화장실에도 못 간다고 하고 조심성이 없어서 실수만 했어요.
새 왕비는 백설 공주를 어떻게 가르칠까요?

먼 나라로 떠났던 왕은 새 왕비가 백설 공주를 없애려고 한다는 연락을 받았어요. 왕은 당장 궁궐로 돌아가고 싶었지만 그럴 수가 없었어요.
아직 해야 될 일이 많이 남았거든요.
어떻게 하면 좋을까요?

백설 공주는 새 왕비에게 당한 뒤로 많이 강해졌어요.
"내가 가만있으면 아버지와 다른 사람들이 피해를 입게 돼."
백설 공주는 새 왕비를 만나러 가기로 했어요. 새 왕비를 만난 뒤에 뭐라고 할까요?

새 왕비는 백설 공주를 찾아가 그 동안의 잘못을 빌었어요.
백설 공주는 새 왕비에게 뭐라고 했을까요?

이야기가 술술술 ①

새롭게 꾸며진 이야기입니다. 소리내어 읽어 볼까요?
그리고 끝 내용에 맞추어 다음 이야기를 상상해 보고
친구들에게 들려주세요.

백설 공주는 새 왕비가 너무 미웠어요.

공주는 자기가 세상에서 제일 예쁜 줄 알았는데 새 왕비의 얼굴이 몹시 예뻤거든요.

"아버지가 새 왕비를 사랑하는 것도 얼굴이 예뻐서야."

백설 공주는 어떻게 하면 새 왕비를 내쫓을까, 그 궁리만 했어요.

새 왕비도 백설 공주를 궁궐 밖으로 내쫓으려고 했어요.

"나보다 예쁜 여자를 궁궐에 두면 안 돼."

왕이 먼 나라로 떠나고 난 뒤, 새 왕비는 마술 거울을 통해서 백설 공주가 자기를 내쫓으려 한다는 것을 알아차렸어요.

"가만히 앉아서 당할 수는 없어. 백설 공주를 궁궐 밖으로 쫓아내면 내 세상이 될 거야."

새 왕비는 아무도 몰래 사냥꾼을 불렀어요.

이야기가 술술술 ❶ - 그림 그리기

거울 속에 나타난 마녀 얼굴이에요.
예쁘게 색칠해 볼까요?.

38

여러분은 마술 거울을 보면서 무엇을 물어 보고 싶은가요?

이야기가 술술술 ❷

새롭게 꾸며진 이야기입니다. 소리내어 읽어 볼까요?
그리고 끝 내용에 맞추어 다음 이야기를 상상해 보고
친구들에게 들려주세요.

 백설 공주는 자신의 예쁜 모습을 보고 여자들이 질투를 낸다고 생각했어요. 반대로 남자들은 모두 자기를 예뻐하고 좋아한다고 생각했어요.
 백설 공주는 날마다 자기 모습을 더 예쁘게 가꾸려고 공부도 하지 않았어요.
 "공부할 시간에 거울을 한 번 더 보고 내 예쁜 모습을 가꾸는 것이 좋아."
 그런 백설 공주를 보고 여자 친구가 걱정을 했어요.

"겉모습만 가꾸지 말고 속마음도 함께 가꾸려고 노력해 봐."

백설 공주는 그런 말을 해 준 친구도 미워했어요.

"흥, 저 친구도 내가 예쁘니까 질투하는 것이 분명해."

어느 날, 궁궐의 보석을 훔치려는 남자가 백설 공주를 찾아 왔어요.

"공주님처럼 아름다운 분은 세상에 없을 거예요."

그 남자는 백설 공주의 아름다움을 칭찬하는 말만 골라 했어요.

"정말 다정하고 친절한 분이시군요."

백설 공주는 아무 의심도 하지 않고 그 남자에게 궁궐 금고 열쇠를 맡겼어요.

이야기가 술술술 ❷ - 그림 그리기

일하는 백설 공주의 모습을 예쁘게 색칠해 볼까요?

여러분은 백설 공주에게 무슨 말을 해 주고 싶은가요?

마음이 쑥쑥쑥

동화 속에 나오는 주인공들을 칭찬해 볼까요?
칭찬을 들으면 모두들 좋아할 거예요.
그리고 타일러 주기도 해 보세요. 아마 더 잘하려고 노력할 거예요.

백설 공주에게 어떤 칭찬을 들려주면 좋아할까요?

백설 공주야! 너는 정말 착해.

왜냐하면 _____
_____

백설 공주를 어떤 말로 타일러 줄까요?

백설 공주야! 너는 이런 점만 고치면 정말 좋을 거야.

뭐냐면 _____
_____

왕에게 어떤 칭찬을 들려주면 좋아할까요?

임금님은 정말 착한 분이세요.

왜냐하면 _____

_____

왕을 어떤 말로 타일러 줄까요?

임금님은 이런 점만 고쳤다면 좋았을 거예요.

뭐냐면 _____

_____

일곱 난쟁이들에게 어떤 칭찬을 들려주면 좋아할까요?

난쟁이님들은 정말 착한 분들이에요.

왜냐하면 _____

_____

일곱 난쟁이들에게 어떤 말로 타일러 줄까요?

난쟁이님들은 이런 점을 실수했어요..

뭐냐면 _____

_____

45

<권장도서>

◼ 읽기와 쓰기부터
　어휘력·문해력·문장력까지 공부의 기초체력을 키워줍니다.

▶ 어린이 문장강화 (검색하십시오)
----

① 일기 잘쓰는 법
② 생활문 잘쓰는 법
③ 논설문 잘쓰는 법
④ 설명문 잘쓰는 법
⑤ 독서감상문 잘쓰는 법
⑥ 관찰기록문 잘쓰는 법
⑦ 웅변연설문 잘쓰는 법
⑧ 기행문 잘쓰는 법
⑨ 편지글 잘쓰는 법
⑩ 동시 잘쓰는 법
⑪ 희곡 잘쓰는 법
⑫ 동화 잘쓰는 법
⑬ 원고지 사용법

※ 사가독서(賜暇讀書)란 세종대왕 때 집현전 젊은 학자들에게
　휴가를 주어 독서에 전념하게 하는 제도입니다.

▶어떻게 가르칠까요?

「백설 공주」 읽고 토론·논술 따라잡기

백설 공주는 왜 도움만 받았을까요

7 페이지
왕비는 눈이 쌓인 바깥 풍경을 보며 소원을 빌었어요. 어떤 소원을 빌었나요?

🍅 선생님 코너

답 빨간 입술에 까만 머리카락을 지녔고, 피부는 눈처럼 새하얀 공주를 낳고 싶다고 했어요.

답 그런데 왕비는 왜 용감하고 착한 성격의 아기가 아니라 얼굴이 예쁜 아기를 원했을까요?

설명 왕비는 왕과 나라를 위해서라도 예쁜 아기보다 튼튼하고 씩씩한 아기가 태어나길 바라야 한다고 설명해 줍니다.

질문 내가 왕비였다면 어떤 아기를 낳게 해 달라고 기도할까 발표하게 합니다.

11 페이지
왕이 먼 나라로 떠난 뒤, 새 왕비는 곧바로 백설 공주를 죽일 계획을 세우고 사냥꾼을 불렀어요. 사냥꾼은 백설 공주에게 뭐라고 했나요?

🍅 선생님 코너

답 "공주님, 저와 숲으로 소풍을 가지 않으시겠어요?"

답 그런데 공주는 왜 아무런 의심도 품지 않고 사냥꾼을 따라 숲으로 갔을까요?

설명 왕은 새 왕비 밑에서 자라야 하는 백설 공주를 좀더 강하고 씩씩하게 키우려고 노력했어야 한다는 것을 일깨워 줍니다.

질문 내가 백설 공주였다면 사냥꾼이 숲으로 소풍을 가자고 할 때 뭐라고 했을까를 발표하게 합니다.

17 페이지

난쟁이들이 백설 공주를 지켜 주겠다고 했어요. 그렇지만 모든 것을 다 알고 있는 새 왕비가 뭐라고 했나요?

🍅 **선생님 코너**

답 이제는 아무도 믿지 않겠다면서 자기 손으로 직접 백설 공주를 없애야겠다고 했어요.

답 그런데 난쟁이들은 백설 공주가 숲 속에 숨어 있어도 새 왕비가 찾아 낼지 모르니까 다른 방법을 생각했어야 하지 않을까요?

설명 새 왕비가 정말 나쁜 마녀라는 것을 알았다면 난쟁이들과 백설 공주는 새 왕비를 물리칠 방법을 생각했어야 한다는 것을 일깨워 줍니다.

질문 어떤 방법으로 새 왕비를 물리칠 수 있을까를 발표하게 합니다.

19 페이지

백설 공주는 아무것도 의심하지 않았어요. 빗 장수 할머니로 변장한 새 왕비가 가져온 빗을 보고 백설 공주는 뭐라고 했나요?

🍅 **선생님 코너**

답 "이렇게 아름다운 빗은 처음 봐요. 돈이 없어서 살 수는 없지만 한번 머리에 꽂아 봐도 되겠지요?"

답 그런데 백설 공주는 깊은 산속에 빗 장수가 찾아온 것을 먼저 의심해 봤어야 하지 않을까요?

설명 백설 공주는 아름답게 보이고 싶은 생각밖에 없고, 조심성이 없었기 때문에 사냥꾼을 따라 나섰고, 오두막집을 찾아온 새 왕비에게도 당했다는 것을 일깨워 줍니다.

질문 내가 백설 공주였다면 새 왕비가 빗 장수로 변장한 것을 어떻게 알아냈을까를 발표하게 합니다.

23 페이지
백설 공주는 다시 찾아온 새 왕비에게 당하고 말았어요. 이번에는 새 왕비가 준 사과를 먹고 쓰러졌지요. 왕비는 뭐라고 하면서 궁궐로 돌아갔지요?

🍅 **선생님 코너**

답 "흐흐, 이제는 난쟁이들도 백설 공주를 못 살려낼걸."

답 그런데 백설 공주는 독이 묻은 빗으로 한 번 당했으면서 왜 아무 의심도 하지 않고 사과 장수로 변한 새 왕비에게 또 속았을까요?

설명 백설 공주는 예쁜 빗, 예쁜 사과가 아름다운 자기와 잘 어울린다는 생각밖에 할 줄 몰랐다는 것을 일깨워 줍니다.

질문 나는 어떤 칭찬을 들을 때 가장 기분이 좋은지 발표하게 합니다.

27 페이지
난쟁이들은 유리관 속에 백설 공주를 눕혀 놓았어요. 유리관 속의 백설 공주를 발견한 왕자가 뭐라고 했나요?

🍅 **선생님 코너**

답 공주를 궁궐로 데려가면 여기보다는 안전할 거라고 했어요.

답 왕자는 처음 본 백설 공주에게 아내가 되어 달라는 말을 할 정도로 한눈에 반했나 봐요.

설명 유리관 속의 공주는 인형과 같다는 뜻이며, 여자는 무조건 예뻐야 하고 남자는 무조건 여자를 보호해야 하는 것으로 잘못 가르치고 있다는 것을 일깨워 줍니다.

질문 백설 공주가 얼굴만 예쁘지 잘할 줄 아는 것이 한 가지도 없다면 왕자가 어떻게 할까를 발표하게 합니다.

29 페이지

궁궐에서 성대한 결혼식이 열렸어요. 왕자와 백설 공주가 결혼식을 하는 것이지요. 결혼식장에 나타난 새 왕비는 어떻게 됐나요?

🍅 선생님 코너

답 뜨겁게 달궈진 쇠나막신을 신고 훌떡훌떡 춤을 추었어요.

답 새 왕비는 이제 걸을 수가 없으니까 백설 공주를 없애고 싶어도 그럴 수가 없겠지요?

설명 친엄마는 좋고 새엄마는 나쁘다는 생각은 잘못된 것으로 낳은 정 만큼 기르는 정도 중요하다는 것을 일깨워 줍니다.

질문 나는 나중에 어떤 엄마, 어떤 아빠가 되고 싶은가를 발표하게 합니다.

메모

30 페이지
생각지도 랄랄라

'백설 공주'를 읽고 떠오르는 생각을 재미있게 생각지도로 그려 보도록 해요.

 선생님 코너

내용을 떠오르는 대로 그림으로 그려 보도록 합니다. 떠올린 내용을 자유스럽게 그림으로 그리다 보면 전체적인 내용이 한 번 더 머릿속에 새겨질 것입니다.

32 페이지
퀴즈가 으쓱으쓱

얼마나 책을 꼼꼼하게 읽었을까요? 이야기해 볼까요?

1) 왕은 왜 새 왕비를 맞이했나요?

 선생님 코너

- **답** 왕은 먼 나라에도 자주 다녀와야 하는데 백설 공주를 돌봐 줄 새 왕비가 필요했어요.
- **설명** 왕은 얼굴이 예쁜 여자를 새 왕비로 맞이하지 말고 백설 공주와 백성들에게 모두 환영받는 마음 착한 왕비를 맞이했어야 한다는 것을 일깨워 줍니다.
- **질문** 내가 왕이었다면 어떤 방법으로 새 왕비를 뽑았을까를 발표하게 합니다.

2) 일곱 난쟁이들은 무슨 일을 하며 살고 있었나요?

 선생님 코너

- **답** 일곱 명이 힘을 합쳐 숲 속에서 일을 하고 있었어요.
- **설명** 백설 공주는 자기 힘으로 아무것도 할 줄 모르기 때문에 열심히 일하며 사는 일곱 난쟁이들까지 괴롭히고 있다고 일깨워 줍니다.

질문 나는 누구에게 도움을 받았으며 도움을 받은 뒤에 어떻게 했는가를 발표하게 합니다.

3) 백설 공주는 두 번씩이나 새 왕비에게 당했어요. 어떻게 당했나요?

선생님 코너

답 처음에는 독이 묻은 빗을 머리에 꽂았다가 당했고, 두 번째는 독 묻은 사과를 먹고 당했어요.

설명 누가 나를 괴롭히는데 가만히 당하고만 있으면 계속 얕보고 괴롭히게 되니까 씩씩하고 용감하게 행동해야 된다는 것을 일깨워 줍니다.

질문 억울한 일을 당하고도 모두 참기만 한다면 어떻게 될까를 발표하게 합니다.

4) 왕자가 유리관 속의 백설 공주를 궁궐로 데려가겠다고 하자 난쟁이들이 뭐라고 했나요?

선생님 코너

답 새 왕비가 또 찾아오면 우리 힘으로는 이겨낼 수가 없으니까 궁궐이 더 안전하겠다고 했어요.

설명 백설 공주처럼 얼굴이 아름다우면 죽어서도 남자에게 사랑을 받는다는 내용은 잘못된 것이며, 예쁜 얼굴 때문에 누가 나를 좋아해 주기를 바라지 말고 내 실력이나 능력 등 속마음을 인정해 주는 것이 훨씬 좋다는 것을 일깨워 줍니다.

질문 내가 백설 공주 친구라면 뭐라고 말해 주고 싶은가를 발표하게 합니다.

5) 결혼식장에 참석한 새 왕비는 뜨거운 쇠나막신을 신고 홀떡홀떡 뛰었어요. 왕자가 뭐라고 했나요?

선생님 코너

답 "그 동안 백설 공주를 괴롭힌 벌을 받는 것이다!"

답 왕자는 새 왕비가 걸을 수 없어야 두 번 다시 백설 공주를 찾아와 괴롭히지 못할 것이라고 생각한 것 같지요?

설명 백설 공주는 아무것도 할 줄 모르고 아름다운 모습을 이용해 남자들의 도움만 계속 받고 있다는 것을 일깨워 줍니다.

질문 앞으로 새 왕비는 어떻게 될까를 발표하게 합니다.

34 페이지
생각이 깡충깡충

재미있게 생각을 바꿔 보아요. 바꾼 생각을 이야기해 보세요.

1) 아름다운 얼굴을 가진 여자와 얼굴이 별로 아름답지 않지만 마음씨가 착한 여자 둘 중에 한 명을 왕비로 맞이해야 해요. 왕은 어떤 방법으로 새 왕비를 선택할까요?

   🍅 **선생님 코너**
   - **답** 두 여자와 백설 공주를 함께 지내게 한 다음 백설 공주가 새 왕비를 결정하도록 해요.
   - **답** 두 여자와 같이 살았던 동네 사람들에게 물어서 누가 더 왕비 자격이 있는가 알아보면 돼요.
   - **답** 고아원에서 봉사 활동을 하게 하면 누가 새엄마 자격이 있는지 쉽게 알아낼 수 있어요.

2) 새 왕비는 마음씨가 몹시 착했어요. 그런데 백설 공주는 겁이 많아 혼자서는 밤에 화장실에도 못 간다고 하고 조심성이 없어서 실수만 했어요. 새 왕비는 백설 공주를 어떻게 가르칠까요?

   🍅 **선생님 코너**
   - **답** 백설 공주가 강해질 수 있도록 태권도나 권투를 시켜요.
   - **답** 실수를 하지 않도록 옆에서 항상 챙겨 주어요.
   - **답** 친 엄마처럼 한번 따끔하게 야단을 쳐서 백설 공주 성격을 바꿔 놓아요.

3) 먼 나라로 떠났던 왕이 새 왕비가 백설 공주를 없애려고 한다는 연락을 받았어요. 왕은 당장 궁궐로 돌아가고 싶었지만 그럴 수가 없었어요. 아직 해야 될 일이 많이 남았거든요. 어떻게 하면 좋을까요?

   🍅 **선생님 코너**
   - **답** 군사들을 먼저 궁궐로 보내서 백설 공주를 보호하게 해요.
   - **답** 남은 일을 다음으로 미루고 서둘러 궁궐로 돌아가요.
   - **답** 새 왕비에게 사람을 보내서 급한 일이 있으니까 왕이 있는 곳으로 와 달라고 해서 새 왕비를 혼내 줘요.

4) 백설 공주는 새 왕비에게 당한 뒤로 많이 강해졌어요. "내가 가만있으면 아버지와 다른 사람들이 피해를 입게 돼." 백설 공주는 새 왕비를 만나러 가기로 했어요. 새 왕비를 만난 뒤에 뭐라고 할까요?

🍅 *선생님 코너*

- 답 "당장 궁궐에서 나가요! 그렇게 하지 않으면 군사들을 불러서 쫓아내겠어요!"
- 답 "저도 착한 딸이 되겠어요. 어머니도 저를 친딸처럼 대해 주세요. 그러면 아버지도 좋아하시고 백성들도 모두 존경할 거예요."
- 답 "계속 나를 괴롭히면 아버지가 가만 두지 않으실 거예요. 제가 벌써 아버지한테 모든 사실을 알렸거든요!"

5) 새 왕비는 백설 공주를 찾아가 그 동안의 잘못을 빌었어요. 백설 공주는 새 왕비에게 뭐라고 했을까요?

🍅 *선생님 코너*

- 답 "저도 잘못한 점이 많아요. 친어머니처럼 대해 드리지 못해서 정말 죄송해요."
- 답 "제가 어머니와 다정하게 지내면 아버지도 좋아하시고 나라도 편안해지겠지요?"
- 답 "제가 마음이 약하니까 저를 강하게 키우려고 그러신 거잖아요."

메모

 36 페이지

이야기가 술술술·1

새롭게 꾸며진 이야기입니다. 소리내어 읽어 볼까요? 그리고 끝 내용에 맞추어 다음 이야기를 상상해 보고 친구들에게 들려주세요.

백설 공주는 새 왕비가 너무 미웠어요.
공주는 자기가 세상에서 제일 예쁜 줄 알았는데 새 왕비의 얼굴이 몹시 예뻤거든요.
"아버지가 새 왕비를 사랑하는 것도 얼굴이 예뻐서야."
백설 공주는 어떻게 하면 새 왕비를 내쫓을까, 그 궁리만 했어요.
새 왕비도 백설 공주를 궁궐 밖으로 내쫓으려고 했어요.
"나보다 예쁜 여자를 궁궐에 두면 안 돼."
왕이 먼 나라로 떠나고 난 뒤, 새 왕비는 마술 거울을 통해서 백설 공주가 자기를 내쫓으려 한다는 것을 알아차렸어요.
"가만히 앉아서 당할 수는 없어. 백설 공주를 궁궐 밖으로 쫓아내면 내 세상이 될 거야."
새 왕비는 아무도 몰래 사냥꾼을 불렀어요.

 선생님 코너

어린이들이 자유롭게 상상하여 이야기를 하게 합니다. 조리 있게 이야기하는 실력을 향상시킬 수 있습니다.

 38·39 페이지

이야기가 술술술·1 – 그림 그리기

- 거울 속에 나타난 마녀 얼굴이에요. 예쁘게 색칠해 볼까요?
- 여러분은 마술 거울을 보면서 무엇을 물어 보고 싶은가요?

40 페이지
이야기가 술술술 · 2

새롭게 꾸며진 이야기입니다. 소리내어 읽어 볼까요? 그리고 끝 내용에 맞추어 다음 이야기를 상상해 보고 친구들에게 들려주세요.

　　백설 공주는 자신의 예쁜 모습을 보고 여자들이 질투를 낸다고 생각했어요. 반대로 남자들은 모두 자기를 예뻐하고 좋아한다고 생각했어요.
　　백설 공주는 날마다 자기 모습을 더 예쁘게 가꾸려고 공부도 하지 않았어요.
　　"공부할 시간에 거울을 한 번 더 보고 내 예쁜 모습을 가꾸는 것이 좋아."
　　그런 백설 공주를 보고 여자 친구가 걱정을 했어요.
　　"겉모습만 가꾸지 말고 속마음도 함께 가꾸려고 노력해 봐."
　　백설 공주는 그런 말을 해 준 친구도 미워했어요.
　　"흥, 저 친구도 내가 예쁘니까 질투하는 것이 분명해."
　　어느 날, 궁궐의 보석을 훔치려는 남자가 백설 공주를 찾아왔어요.
　　"공주님처럼 아름다운 분은 세상에 없을 거예요."
　　그 남자는 백설 공주의 아름다움을 칭찬하는 말만 골라 했어요.
　　"정말 다정하고 친절한 분이시군요."
　　백설 공주는 아무 의심도 하지 않고 그 남자에게 궁궐 금고 열쇠를 맡겼어요.

 선생님 코너

어린이들이 자유롭게 상상하여 이야기를 하게 합니다. 조리 있게 이야기하는 실력을 향상시킬 수 있습니다.

 42 · 43 페이지
이야기가 술술술 · 2 －그림 그리기

- 일하는 백설 공주의 모습을 예쁘게 색칠해 볼까요?
- 여러분은 백설 공주에게 무슨 말을 해 주고 싶은가요?

11

44 페이지
마음이 쑥쑥쑥

동화 속에 나오는 주인공들을 칭찬해 볼까요? 칭찬을 들으면 모두들 좋아할 거예요.
그리고 타일러 주기도 해 보세요. 아마 더 잘하려고 노력할 거예요.

백설 공주에게 어떤 칭찬을 들려주면 좋아할까요?

백설 공주야! 너는 정말 착해.

왜냐하면 _____

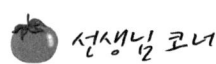 선생님 코너

답 너는 마음씨가 정말 착해. 새 왕비가 그렇게 괴롭히는데도 미워하지 않았잖아.

답 너는 왜 그렇게 인기가 좋으니? 사냥꾼, 일곱 난쟁이, 왕자님, 모두 너를 좋아하잖아.

백설 공주를 어떤 말로 타일러 줄까요?

백설 공주야! 너는 이런 점만 고치면 정말 좋을 거야.

뭐냐면 _____

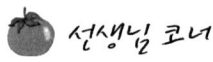 선생님 코너

답 너는 너무 다른 사람에게 의지만 해. 네 힘으로 살아갈 수 있어야 하지 않을까?

답 너는 새 왕비가 어떤 여자인지 알았으니까 서둘러서 아버지한테 알렸어야 해.

왕에게 어떤 칭찬을 들려주면 좋아할까요?

임금님은 정말 착한 분이세요.

왜냐하면 _____

선생님 코너

답 어머니를 잃은 백설 공주를 위해서 새 왕비를 맞이했어요.

답 먼 나라로 떠나면서도 새 왕비에게 백설 공주를 잘 부탁한다고 했어요.

왕을 어떤 말로 타일러 줄까요?

임금님은 이런 점만 고쳤다면 좋았을 거예요.

뭐냐면 _____

 선생님 코너

답 얼굴이 예쁜 여자가 아니라 마음씨가 착한 여자를 왕비로 골랐다면 좋았을 거예요.

답 백설 공주를 좀더 강하고 씩씩하게 키웠다면 좋았을 거예요.

일곱 난쟁이들에게 어떤 칭찬을 들려주면 좋아할까요?

난쟁이님들은 정말 착한 분들이에요.

왜냐하면 _____

 선생님 코너

답 새 왕비를 피해서 숲 속으로 도망 온 백설 공주를 보호해 주었어요.

답 왕자님이 백설 공주를 보호하기 위해 궁궐로 데려가겠다고 했을 때 승낙하기를 아주 잘했어요.

일곱 난쟁이들에게 어떤 말로 타일러 줄까요?

난쟁이님들은 이런 점을 실수했어요.

뭐냐면 _____

 선생님 코너

답 백설 공주가 약속을 지키지 않는다는 것을 알았다면 번갈아 가며 공주 곁을 지켰어야 해요.

답 새 왕비가 나쁜 마녀라는 것을 알았으니까 숲 속에 있지만 말고 직접 왕을 찾아가거나 많은 사람들에게 그 사실을 알렸어야 해요.

「백설 공주」 읽고 토론·논술 따라잡기
백설 공주는 왜 도움만 받았을까요

초판 인쇄일 : 2022년 2월 4일
초판 발행일 : 2022년 2월 8일

기획·편집 : 어린이선비교실팀
발행인 : 김종윤
펴낸곳 : 주식회사 자유지성사
등록번호 : 제 2-1173호
등록일자 : 1991년 5월 18일

서울특별시 송파구 위례성대로 8길 58, 202호
전화 : 02) 333- 9535 / 팩스 : 02) 6280- 9535
E-mail : fibook@naver.com
ISBN : 978-89-7997-380-8 (73800)

어린이선비교실은 자유지성사 편집부 이름입니다.
출판사의 허락없이 무단전재나 복제를 할 수 없습니다.
파본은 구입하신 서점에서 교환하여 드립니다.